Editora Appris Ltda.
1.ª Edição - Copyright© 2022 das autoras
Direitos de Edição Reservados à Editora Appris Ltda.

Nenhuma parte desta obra poderá ser utilizada indevidamente, sem estar de acordo com a Lei nº 9.610/98. Se incorreções forem encontradas, serão de exclusiva responsabilidade de seus organizadores. Foi realizado o Depósito Legal na Fundação Biblioteca Nacional, de acordo com as Leis nᵒˢ 10.994, de 14/12/2004, e 12.192, de 14/01/2010.

Catalogação na Fonte
Elaborado por: Josefina A. S. Guedes
Bibliotecária CRB 9/870

B664p 2022	Boca Santa, Rozi A. Antunes Poesia de Natal : inspiração e comemoração / Rozi A. Antunes Boca Santa, Stephane Louise Boca Santa. - 1. ed. - Curitiba : Appris, 2022. 40 p. il. ; 21 cm. ISBN 978-65-250-1473-9 1. Poesia brasileira. 2. Natal. I. Boca Santa, Stephane Louise. II. Título. CDD – 869.1

Appris
editora

Editora e Livraria Appris Ltda.
Av. Manoel Ribas, 2265 – Mercês
Curitiba/PR – CEP: 80810-002
Tel. (41) 3156 - 4731
www.editoraappris.com.br

Printed in Brazil
Impresso no Brasil

Rozi A. Antunes Boca Santa
Stephane Louise Boca Santa

Poesias de Natal
INSPIRAÇÃO E COMEMORAÇÃO

FICHA TÉCNICA

EDITORIAL
Augusto Vidal de Andrade Coelho
Sara C. de Andrade Coelho

COMITÊ EDITORIAL
Marli Caetano
Andréa Barbosa Gouveia (UFPR)
Jacques de Lima Ferreira (UP)
Marilda Aparecida Behrens (PUCPR)
Ana El Achkar (UNIVERSO/RJ)
Conrado Moreira Mendes (PUC-MG)
Eliete Correia dos Santos (UEPB)
Fabiano Santos (UERJ/IESP)
Francinete Fernandes de Sousa (UEPB)
Francisco Carlos Duarte (PUCPR)
Francisco de Assis (Fiam-Faam, SP, Brasil)
Juliana Reichert Assunção Tonelli (UEL)
Maria Aparecida Barbosa (USP)
Maria Helena Zamora (PUC-Rio)
Maria Margarida de Andrade (Umack)
Roque Ismael da Costa Güllich (UFFS)
Toni Reis (UFPR)
Valdomiro de Oliveira (UFPR)
Valério Brusamolin (IFPR)

SUPERVISOR DA PRODUÇÃO
Renata Cristina Lopes Miccelli

ASSESSORIA EDITORIAL
Débora Sauaf

REVISÃO
João Simino

DIAGRAMAÇÃO
Yaidiris Torres

CAPA
Laura Marques

AGRADECIMENTOS

Agradecemos a Deus pela inspiração e pelo dom da escrita.

Sumário

PARA SEMPRE CONOSCO 10
A ALEGRIA SE REFAZ 12
OS PRESENTES 14
TEMPO DE AMOR 15
O PEQUENO PRESENTE DE NATAL 16
FILHO ESPERADO 17
JESUS 18
LUZ E PAZ 19
ESTRELA DE NATAL 20
BISCOITO DE GENGIBRE 21
SONHO DE MENINO 22
É VIDA QUE TRAZ A VIDA 23

CHEGANDO O NATAL 24
FIM DE ANO 26
CASA CHEIA 27
DE BELÉM 28
VIDA EM ABUNDÂNCIA 29
O NATAL CHEGOU 30
FELIZ NATAL 31
BOLAS DE SABÃO 32
RECORDAÇÃO 33
MAMÃE NOEL 34
ÁRVORE DE NATAL 35
NOITE DE NATAL 36
NATAL NO MUNDO 38

Para sempre conosco

Uma noite no horizonte,
uma estrela apareceu,
trazia uma mensagem
que um milagre aconteceu.

Não tardou para ser vista,
movia-se lá no alto,
sua vinda anunciava
que o Amor se aproximava.

Alguns creram e seguiram
por longos dias sua luz,
munidos de esperança
de gratidão e de fé.

Guiados pela estrela,
foram indo a Belém,
e ao chegar eles souberam
que ali o amor estava.

Humilde e pequenino,
entre os animais se deitava.
A terra ficou em festa:
chegou o Filho esperado.

Numa manjedoura, o Rei
por Deus fora enviado,
para abrir os corações
daqueles que lhe amarem.

Sua vinda marca o tempo,
marca cada ser por dentro,
é a Palavra em plenitude.

Que momento tão sublime,
que nascimento Divino,
a Salvação em Pessoa.

Posso abraçar todo dia,
sua presença é constante,
o maior Natal do mundo.

Glória, glória, Aleluia!
Para sempre estará conosco
por toda a eternidade.

É Natal, viva o presépio!
Natal que Deus se fez gente,
para Jesus que nasce aqui,
amor é o melhor presente.

A alegria se refaz

Este dia é um recomeço
de um mundo por vir.
Uma criança, uma esperança,
um universo de luz.
Sonhos lindos de Natal,
de amor e de muita paz.
Onde a fé é vivenciada,
comungada de alegria.
Todo ano uma bênção,
um afago, um abraço.
Onde a família se envolve,
comemora e compartilha
da mensagem que traz vida
e por muitos é acolhida.
Um grande evento acontece
e cada lar vive a prece.
É Natal, Jesus presente!
E todos podem sentir
a bênção que se renova,
mostra o caminho a seguir.

Os presentes

Luzes, canções e sinos
não podem negar
o Natal está próximo
Papai Noel vai chegar.

Livros, cartas e poemas
todos começam a planejar
os presentes comprados à família
e os que se pretende ganhar.

Estrelas, presépios e orações
as homenagens vão começar
o melhor presente veio de Deus
o menino Jesus vai chegar.

Tempo de amor

Natal é tempo de amor
é tempo de aconchego
de descansar no presépio
é tempo de dar abrigo
de doar o que puder
é tempo de ver amigos
de abraçar a quem se ama
é tempo de estar presente
de receber com carinho
é a vinda do onipotente!

O pequeno presente de Natal

São tantos presentes lindos,
os pacotes são de encantar,
laços grandes e coloridos,
fazem cada presente se destacar.

Há um presente entre os demais,
que parece incerto admirar,
sem fitas, sem laços,
sem estampa a avivar.

Na distribuição de presentes
me pus a pensar:
quem comprou aquele presente
não teve condições de embrulhar?

Um a um foi retirado.
O pinheiro todo iluminado,
brilhava, piscando as luzes,
como se vendo o pequeno presente
tivesse a intenção de iluminar.

A festa seguia animada,
o jantar seria servido.
Os presentes todos distribuídos,
exceto um que ninguém quis retirar.
Chegava a hora do Natal celebrar.

Uma pequena mão suscitou
e o singelo presente reluziu,
um coração puro reconhece a brandura
pois do simples a luz emergiu:
a pequena caixa guardava um presépio!
Uma alegria para quem assentiu!

Filho esperado

Venha, é Natal, meu Jesus!
Hora de comemorar
e ao mundo anunciar
sua chegada em oração.
Um filho tão esperado,
que no ventre de Maria
no silêncio refletia
sobre toda situação.
Um Deus nascido sem glória
que marcou toda a história
e habitou entre os irmãos.
Das promessas proferidas
todas ouvidas em preces
as que o tempo já cumpriu,
as que ainda estão por vir.
Um Rei que foi aguardado
e pelo Pai enviado,
sua voz a Terra ouviu.
E na sua humildade
cheio de paz e bondade,
deixa para a humanidade
as marcas da redenção.
Ele é a própria Palavra,
o filho amado do Pai,
que com toda Santidade,
com amor e mansidão,
deu ao mundo a Salvação.

Jesus

Jesus
luz da luz
paz da paz
glória da glória
vitória da vitória
bênção da bênção
oração da oração
irmão do irmão
amor do amor
Amém!

Luz e Paz

Natal é luz
luz é Jesus
Jesus é luz
luz é Natal
Natal é paz
paz é Jesus
Jesus é paz
paz é Natal.

Estrela de Natal

Desde que fui criada
busco cumprir o meu papel,
sempre tão iluminada
abrilhantando ainda mais o céu.

Embora aprecie os astros a minha volta,
tinha uma aspiração:
inspirar muitas pessoas,
enobrecer os corações.

Despontou o grande dia,
o menino vai chegar,
a missão que me foi dada,
eu não poderia imaginar.

Guiar os três reis magos
com ouro, incenso e mirra para presentear
naquela noite de Belém,
o céu aformosear.

Sempre desejei ser uma estrela especial,
mas tão afortunada fui com tal escolha:
ser a estrela de Natal!

Biscoito de Gengibre

Quem me vê assim,
não sabe o quanto sou feliz,
seja mel ou melaço,
há muito açúcar em mim.

Quebra o gosto desse doce
só para condimentar,
noz-moscada, cravo e canela,
mas é de gengibre que vão me chamar.

Farinha e talvez um ovo,
bicarbonato de sódio para completar,
é a manteiga que me deixa fofo,
mas não precisa exagerar.

Há muitos formatos para brincar
e deixar o dia especial,
mas um boneco enfeitado
    é o mais tradicional.

    Para criar um clima de alegria,
    colorir é uma opção,
    verde e vermelho são as cores do Natal,
    use como base o glacê real.

Chame os amigos
para um café memorável,
se faltar alguém que você deseja o bem
lembre-se de mim, sou presenteável,
    os enfeites trarão o brilho,
    os biscoitos despertarão os mais belos sorrisos.

Sonho de Menino

Era o sonho de um menino,
que se perdeu com o tempo,
descobrir um segredinho
revestido de argumentos.

Quem é o Papai Noel?
Que no Natal se esconde,
de trenó entre as nuvens
navegando no horizonte.

Chamado de bom velhinho
com seus cabelos branquinhos.
Vem, traz consigo o presente
e surpreende o menino.

E o tempo vai passando
e o menino já cresceu.
Já não está mais curioso
seu coração compreendeu.

O Natal para a humanidade
e para o sonho da criança,
é um Menino que nasce
e renova a esperança.

E o Papai Noel retorna
presente em cada Natal,
no menino e na história
na alegria e na memória!

É vida que traz a vida

Complexo como o sonho,
longo como a esperança,
rico como o sol brilhante,
simples como o abraço,
breve como o pensamento,
pobre como o silêncio.
Mistura de sentimentos
que desafia o tempo,
explode em contentamento,
é vida que traz a vida,
traz a esperança perdida,
encontra novo acalento.
Um sacrifício profundo
que se inicia no mundo,
na verdade do Natal,
na beleza do presépio,
nos braços de uma Mãe,
que chora de alegria.
Na pele humana de um Pai,
no Pai que mostra seu Filho.
No Filho obediente,
que revestido de amor
nasceu na Terra um dia!

Chegando o Natal

Está chegando...
Vejo cores,
brilho e luzes
a piscar!
Vejo o sonho da criança,
que se apressa
a perguntar:
– O que é o Natal, mamãe?
– O que é o Natal, papai?
– É presente
– É esperança
– É uma noite sem igual!
Pois nasceu o Deus Menino
e o milagre aconteceu!
E o presente pros filhinhos,
foi papai do céu quem deu!

Fim de ano

Nossa!
Já é fim de ano,
como passou!
Nossa!
As ruas enfeitadas,
como brilhou!
Nossa!
A lista de presentes,
quase esqueci!
Nossa!
A celebração vai começar,
quase atrasei.
Nossa!
É hora do jantar,
como tudo estava bom!
Nossa!
É Dia de Reis!
O enfeite retirou.
Nossa!
Já é fim de ano,
como passou!

Casa Cheia

Casa cheia
festa boa
não consigo descrever.
Mesa farta
janelas abertas
não há tempo para escrever.

De Belém

Olha a série, é de Natal!
Olha o filme, é de Natal!
Olha o livro, é de Natal!
Olha o cartão, é de Natal!
Olha o presente, é de Natal!
Olha o menino, é de Belém.

Vida Em abundância

Cantem e dancem de alegria...
Colham galhos para enfeitar!
Tendo em mente um lindo arranjo,
para a árvore de Natal.

Faltam somente alguns dias,
já vem nascendo o amor,
o som da voz anuncia
que dezembro já chegou.

Comemore com a família,
com os parentes e os amigos.
Aceite com gratidão
o presente recebido.

Que o sentido do Natal
tenha real importância
e seja para homenagear
especialmente a Criança.

Que nasce para trazer paz
e vida em abundância.
Que a árvore tenha luz
e resplandeça a esperança.

O Natal chegou

O anjo fala,
a mãe acolhe.
O fruto chega,
o pai confia,
o anjo guia.
A mãe no ventre
traz alegria.
A virgem canta,
o pai protege,
o caminho é longo,
o anjo anuncia.
O fruto cresce,
a luz resplandece,
em Belém há prece.
O anjo cuida
a mãe Maria.
O Natal chegou,
o Pai vigia.
A estrela guia
o menino Deus,
o céu anuncia:
Jesus nasceu!

Feliz Natal

Felicidade e emoção
Esperança e vida
Luz e redenção
Inspiração e fé
Zelai e vigiai
Natal e graça
Amor e acolhida
Temperança e Paz
Alegria e nascimento
Liberdade e salvação

Bolas de Sabão

É Natal, tem pinheiro,
luzes, presente e oração.

É Natal, tem enfeites,
viagens, família e diversão.

É Natal, tem biscoitos,
guirlanda, livro e canção.

É Natal, tem céu estrelado,
mas neve, aqui não.

É Natal, tem improviso,
risos e bolas de sabão.

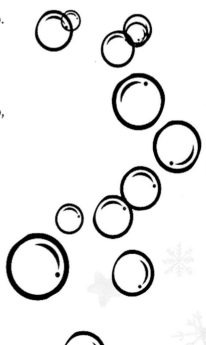

Recordação

A bagunça
O barulho
A agitação
Os sinos
A missa
A oração
A ansiedade
As brincadeiras
A refeição
As lembranças
A saudade
A recordação.

Mamãe Noel

Uma casa em festa,
é Natal, que alegria!
Organizando e prestando assessoria,
a mamãe cuida de toda família.

As crianças estão lindas,
os doces estão prontos,
o jantar na mesa,
o pai inventando brincadeiras
e mamãe Noel preparando a surpresa.

Bonecas, carrinhos e bolas
garantem a diversão.
Mais os presentes dos avós,
que são em grande quantidade,
as crianças são pura felicidade.

A mamãe ensina a seus filhos
que Natal é todo dia,
enquanto comem bombons,
ouvindo canções Natalinas.

Natal em família é luz,
é um momento de oração.
Celebrando o nascimento de Jesus,
paz, amor e união.

Árvore de Natal

A
FÉ
QUE
MOVE
NOSSO
EXISTIR
FAZ-NOS
MELHORES
PARA AMAR
COMO JESUS
NOS ENSINOU.
HUMILDEMENTE
NA MANJEDOURA
TROUXE ESPERANÇA,
LUZ, PAZ E SALVAÇÃO.
A TERRA FICOU EM FESTA
NO CÉU BRILHOU A ESTRELA.
JÓSE E MARIA LOUVAM A DEUS,
PELA VINDA DO NOSSO REDENTOR,
COM INFINITA BONDADE A TODOS AMOU.
ALELUIA GLÓRIA A DEUS, JESUS MENINO NASCEU.
JÁ É NATAL!
VIVA!
ORE,
AME,
UNA,
RIA.
SEJA FELIZ NOITE E DIA, JESUS CRISTO É ALEGRIA!

Noite de Natal

Já é noite de Natal,
há um violino tocando...
Uma canção anuncia:
é o som da Ave Maria!

É hora de união,
de amigos juntar as mãos...
Família envolta no abraço:
é o som que marca o compasso!

O papai pede a palavra,
para expor o fundamento...
Diz que a noite de Natal:
lembrada há muito tempo!

Num lugar simples e humilde,
mas, com um amor imenso...
Nasceu o menino Jesus:
é Natal neste momento!

A rua está iluminada,
com enfeites na calçada..
Ceia e cantos de Natal:
e o sino na catedral!

Chegou o Papai Noel,
veio voando do céu...
Anuncia um novo tempo:
é de alegria o sentimento!

As crianças sorridentes,
sentam para abrir os presentes...
Correm brincar no quintal:
é a noite de Natal!

Para todo e sempre celebra,
e festeja este momento...
Já é noite de Natal:
é a luz do nascimento!

Natal no Mundo

Cartinha ao Papai Noel,
como resposta: um cartão postal.
Um dia para comprar presentes,
outro dia para enfeitar a árvore de Natal.

Biscoitos de gengibre,
bolos com frutas cristalizadas,
muitos doces diferentes,
muitos pratos, mesa farta.

Se de um lado há frio e neve,
com lareira presente ou na televisão,
de outro há Papai Noel surfista,
com muitas brincadeiras e natação.

Há quem aproveite a oportunidade
para uma reconciliação,
reconstruir uma amizade,
sentir a paz no coração.

Presentes nas meias ou nos sapatos,
embaixo da árvore ou em mãos,
às vezes por 12 dias seguidos,
troca de livros, leituras então.

São tantos preparativos
formas de comemorar,
dependendo do país,
a festa pode variar.

Mas o homenageado é um só:
Ele veio nos salvar!
Menino Jesus nasceu,
sempre iremos celebrar.